AF233870

STATUTS ET REGLEMENS

DES MAISTRES ET MARCHANDS

Chaudronniers, Batteurs, & Dinandiers de la Ville
& Fauxbourgs de Paris.

HARLES PAR LA GRACE DE DIEU, ROY DE FRANCE : A tous prefents & à venir. SALUT: Sçavoir faifons Nous avoir rèçû l'humble Supplication de nos chers & bien Amez les Marchands du Métier de Chaudronnerie, Batterie & Dinanderie de nôtre bonne Ville de Paris, Contenant, que par nos Prédéceffeurs Rois d'heureufe & loüable memoire que Dieu abfolve, pour la police, conduite & entretenement dudit Métier, & obvier aux fraudes & abus qui fe pouvoient commettre, leur ont été dès longtems concedez & octroyez, & fucceffivement continuez & confirmez plufieurs beaux Privileges, Statuts & Ordonnances politiques, ainfi qu'ils font plus au long contenus & declarez par les Lettres de Chartres de nofdits Prédeceffeurs ; toutes fois par la negligence & mauvais foin de leurs Prédeceffeurs audit Métier, feroit iceluy au grand détruiment & dommage de la chofe publique, demeuré fans Reglemens & Police, pour à quoy pourvoir, & aux entreprifes qui fe font ordinairement fur ledit Métier par aucuns autres Métiers de nôtredite Ville & Fauxbourgs, & auffi affoupir tous Differends & Procez qui pour raifon de ce fe pourroient mouvoir entre les Supplians & lefdits Métiers, aurions puis n'a gueres fuivant nos Ordonnances faites aux Etats Generaux tenus en nôtre Ville d'Orleans, fait voir & attefter en langage intelligible leurfdites Ordonnances, tant anciennes que modernes, & icelles fait corriger & augmenter ainfi qu'il étoit de befoin pour le bien, utilité & commodité de la chofe publique, Police, & entretenement dudit Métier, dont la teneur enfuit :

PREMIEREMENT.

Que un chacun Ouvrier, Expert & connoiffant audit Métier & Mar-

A

chandife, & tel approuvé préalablement par les Prud'hommes & Jurez dudit Métier, pourra dorénavant lever, gouverner & foy entremettre dudit Métier & Marchandife de Chaudronnerie à Paris, en faifant un Chef-d'œuvre fuffifant, & en payant aufli les devoirs d'entrée au Roy & à la Confrérie dudit Métier & aux Jurez d'iceluy, ainfi & par la forme & maniere qu'il enfuit, & non autrement.

I I.

C'eft à fçavoir que un Fils de Maître dudit Métier fera tenu de faire un Chef-d'œuvre fuffifant en l'Hôtel d'un des quatre Maîtres Jurez dudit Métier, lequel il fera tenu fervir & ouvrer par l'efpace de quinze jours en faifant ledit Chef-d'œuvre, pour lequel faire iceux Jurez luy donneront & livreront Outils & dépens feulement, & payera iceluy Fils de Maître pour entrée dix fols Parifis qui feront convertis, c'eft à fçavoir cinq fols Parifis au profit du Roy, & le furplus moitié à la Confrérie dudit Métier, & l'autre moitié avec le Chef-d'œuvre aux Maîtres Jurez & Gardes dudit Métier.

I I I.

Item. Ceux qui auront été & dorénavant feront Apprentifs audit Métier à Paris, après leur tems d'Apprentiffage fini, feront tenus aufli de faire un Chef-d'œuvre fuffifant en l'Hôtel defdits Jurez, iceluy Chef-d'œuvre fàns profit avoir dudit Maître pourvû, que iceluy Maître ou Juré fera aufli tenu livrer Outils & dépens, en ce faifant audit Apprentif, lequel fera tenu payer pour entrée quatre livres Parifis qui feront convertis, c'eft à fçavoir, quarante fols Parifis au profit du Roy, vingt fols Parifis au profit de la Confrérie dudit Métier, & les autres vingt fols Parifis avec ledit Chef-d'œuvre au profit defdits quatre Maîtres Jurez.

I V.

Item. Les autres Valets & Ouvriers dudit Métier, tant Forains & étrangers, que autres, lefquels n'auront été Apprentifs à Paris à iceluy Métier, feront aufli tenus préalablement faire un Chef-d'œuvre tel que baillé leur fera par lefdits Maîtres Jurez en l'Hôtel de l'un des quatre Maîtres Jurez, & iceluy fervir audit Métier par ledit tems & efpace de quinze jours, ce que faifant, fera tenu iceluy Maître livrer les dépens dudit Ouvrier, lequel Ouvrier fera aufli tenu payer pour entrée avant qu'il foit reçû & paffé Maître, ni qu'il puiffe tenir Ouvriers dudit Métier à Paris, la fomme de douze livres Parifis qui feront convertis, c'eft à fçavoir, moitié au profit du Roy, quatre livres Parifis à la Confrérie dudit Métier, & quarante fols Parifis avec ledit Chef-d'œuvre au profit defdits Jurez.

V.

Item. Les Apprentifs audit Métier ne feront tenus fervir en iceluy comme Apprentifs, & durant le tems d'Apprentiffage que par le tems de fix ans accomplis, & à moins de tems ne pourront prendre Apprentifs les Maîtres dudit Métier fur peine de cent fols d'amende, à appliquer la moitié au profit du Roy, trente fols à la Confrérie, & vingt fols aux Jurez & Gardes dudit Métier.

V I.

Item. Si aucun Apprentif dudit Métier se défait de son Maître sans cause durant le tems de son Apprentissage, il sera tenu rendre & payer à sondit Maître dix livres Parisis pour chacune année qu'il aura défailly ou pour portion de tems, eu égard audit prix, ou sinon faire à sondit Maître autant de service comme il aura défailly au choix & option dudit Apprentif.

V I I.

Item. Pourront les Maîtres Jurez & Gardes dudit Métier, si bon leur semble, avoir & tenir deux Apprentifs ensemble & non plus, à peine de cent sols Parisis à appliquer comme dessus.

V I I I.

Item. Si les Ouvriers dudit Métier vouloient faire porter dorénavant aucunes leurs Danrées parmy la Ville de Paris, ils seront tenus icelles faire porter par Valets ou Apprentifs, Experts & Connoissans dudit Métier & non par autres, à peine de quarante sols d'amende à appliquer moitié au Roy & l'autre moitié à la Confrérie dudit Métier & Jurez d'iceluy, & pour avoir certitude si lesdits Valets & Apprentifs seront experts & connoissans audit Métier, seront tenus iceux Valets & Apprentifs à servir préalablement les quatre Jurez chacun d'iceux un jour en leurs Hôtels aux dépens d'iceux Jurez, sans aucuns Salaires.

I X.

Item. Si aucun Ouvrier dudit Métier envoye parmy la Ville un sien Valet ou Apprentif pour besogner, & refaire Vaisseaux & autres choses dudit Métier, & iceluy Valet ou Apprentif n'est suffisant & expert pour faire ce que baillé luy aura été au profit de la chose & à l'honneur dudit Métier, en ce cas le Maître sera tenu reparer la chose s'il y a faute, & payer vingt sols d'amende pour la faute de l'Ouvrage, à appliquer comme dessus.

X.

Item. Aucun Ouvrier dudit Métier ne pourra comporter ny faire comporter aucunes Danrées de Chaudronnerie neuves, quels qu'ils soient parmy la Ville de Paris pour vendre, sur ladite peine de quarante sols à appliquer comme dessus; parce que s'il étoit permis de comporter Danrées parmy la Ville de Paris, les Halles du Roy pourroient venir inutiles.

X I.

Item. Si chacun assûre ou fait assûrer Danrées neuves dudit Métier, icelles venduës comme vielles, icelles Danrées seront forfaites & acquises & au Roy, & se payera dix sols Parisis d'amende à appliquer comme dessus, & de l'achat sera crû l'Acheteur desdites Danrées par serment.

X I I.

Item. Un chacun dudit Métier à Paris sera tenu faire ou faire faire bonnes Danrées loyales & marchandes, & si aucun dudit Métier fait ou fait faire dorénavant aucunes Danrées dudit Métier pour vendre en ladite Ville de Paris qui soient moins suffisantes en loyauté de Marchandise par le rapport desdits Jurez; c'est à sçavoir qu'en ce qui servira à mettre sur feu, ait foudure blanche, en ce cas icelles danrées feront acquifes & confifquées au Roy, & fi payera avec ce l'Ouvrier dix fols d'amende à appliquer comme deffus, & quand aux autres danrées feront tenus icelles amendées fi faire fe peut, finon feront rompuës & dépécées par lefdits Jurez.

XIII.

Item. Aucun Marchand dudit Métier ne pourra dorénavant mettre fes danrées pour icelles expofer en vente, foit aux Halles de Paris ny ailleurs en deux eftaux traverfant le chemin des loges pour mettre d'une place à l'autre, & qui fera le contraire il en coutera vingt fols d'amende à appliquer moitié au Roy, & l'autre moitié à la Confrerie & aux Jurez & Gardes dudit Métier.

XIV.

Item. Si aucun Ouvrier dudit Métier œuvre ou fait œuvrer & befogner d'iceluy Métier en fon Hôtel aux jours de Samedy depuis le premier coup de Vefpres fonné foit en mettant les danrées à point ou en les effuyant ou écurant, il en coutera auffi cinq fols d'amende à appliquer à la Confrerie dudit Métier.

XV.

Item. Aucunes Perfonnes de la Ville de Paris de quelque état qu'il foit, ne pourra dorénavant vendre ne foy entremettre de vendre publiquement à fenêtres ouvertes aucunes danrées dudit Métier, foit vielles ou neuves, s'il n'eft Marchand & Ouvrier reçû & paffé Maître dudit Métier, fous peine de cent fols Parifis d'amende à appliquer foixante fols au Roy & quarante fols à la Confrerie & Jurez dudit Métier.

XVI.

Item. Ne pourront femblablement les Merciers & Quincailliers de ladite Ville de Paris vendre & acheter ne débiter en gros ou en détail, foit à Boutique ouverte ou en fecret, aucunes Marchandifes de Batteries & Dinanderies, comme Chaudrons, Réchauds, Etamiers, Fourneaux, Coquemarts de Cuivre ny toutes autres Marchandifes concernans & dépendans dudit Métier de Chaudronniers, Batteurs & Dinandiers, & ce à peine de vingt livres Parifis d'amende à appliquer, fçavoir la tierce Partie au Roy, l'autre aux Pauvres, & l'autre aux Jurez dudit Métier.

XVII.

Item. Sera auffi deffendu à tous Fripiers, Feronniers, Revendeurs & Revendereffes, Crieurs de vieux Chapeaux par les ruës, d'acheter aucunes Marchandifes foit vielles ou neuves pour revendre en ladite Ville & Fauxbourgs dépendants dudit Métier de Chaudronnerie & Dinanderie fur peine de confifcation de fa Marchandife, & cent fols d'amende Parifis à appliquer comme deffus.

XVIII.

Item. Ne pourront aucuns de ladite Ville & Fauxbourgs de quelque état & qualité qu'ils foient, tenir ny avoir Boutique dedans icelle Ville & Fauxbourgs fi ils ne font reçûs & paffez Maîtres dudit Métier de Chaudronnerie, Batterie & Dinanderie, & fait Chef-d'œuvre & experience d'iceluy , comme dit eft cy-deffus , & ce à peine de leur faire fermer leurs Boutiques , abattre leurs Forges , & de dix livres Parifis d'amende à ap-pliquer comme deffus.

XIX.

Item. Que chacun Marchand dudit Métier ne pourra dorénavant ven-dre les Danrées en fon Hôtel ny autre part en la Ville de Paris , aux jours de Dimanches & Fêtes d'Apôtres , Fêtes annuelles & femblables & folem-nelles , fauf que pour fervir la Ville & chofes publiques y aura deux Ou-vriers vendans & non plus aufdits jours chacun à fon tour par l'ordon-nance des Maîtres ; c'eft à fçavoir , l'un d'iceux en la ruë Saint Martin , & l'autre ès ruës Foraines un chacun à fon tour , & qui fera le contraire il payera quarante fols d'amende à appliquer vingt fols au Roy , dix fols à la Confrerie & dix fols à l'Accufeur ; & fi il avient que celuy à qui il échera n'aye Danrées fuffifantes , en ce cas le prochain Ouvrier auquel devra échoir fon tour , après luy tiendra la place.

XX.

Item. Si aucun foit dudit Métier ou autre , va audevant des Marchands Forains dudit Métier, il en courera en foixante fols d'amende à appliquer quarante fols au Roy & vingt fols à l'Accufeur.

XXI.

Item. Que dorénavant aucun dudit Métier ne pourra prifer Danrées d'i-celuy Métier, foit en Inventaire ou autrement, s'ils ne font deux Perfonnes enfemble du moins , & de deux Hôtels , & reçûs Ouvriers en iceluy , à peine de dix fols Parifis d'amende appliquée moitié au Roy , & l'autre moi-tié à la Confrérie dudit Métier.

XXII.

Item. Seront dorénavant créez & établis par le Prévôt de Paris ou fon Lieutenant au Témoignage ou Election des Gens dudit Métier , deux Pru-d'hommes d'iceluy pour être Courtiers dudit Métier , lefquels feront tenus faire & feront ferment de diligemment faire fçavoir aux Ouvriers dudit Métier les venuës & defcenduës des Marchands Forains de leurs Danrées , à peine de quarante fols d'amende appliquée la moitié au profit du Roy , & l'autre moitié au profit des Jurez dudit Métier.

XXIII.

Item. Ne pourront iceux Courtiers recevoir en leurs Hôtels les Dan-rées defdits Marchands Forains , fur peine de cent fols d'amende appliquée foixante fols au profit du Roy , & quarante fols moitié à ladite Confrérie & l'autre aux Jurez dudit Métier.

XXIV.

Item. Ne pourra aucun Courtier dudit Métier être Marchand & Cour-tier enfemble; c'eft à fçavoir , acheter Danrées des Forains , & qui fera le contraire payera cent fols d'amende à appliquer comme deffus , & s'y fera privé dudit Office de Courtage. XXV.

Item. Ne pourront aucuns Marchands Forains délier , expofer en vente, ne diſtribuer leurs danrées qu'ils auront amené à Paris pour vendre plûtôt, juſqu'à ce qu'elles auroient été préalablement viſitées par leſdits Jurez du dit Métier, ſur peine de cent ſols d'amende à appliquer comme deſſus.

X X V I.

Item. Que aucuns Marchands Forains qui auront amené danrées neuves dudit Métier pour vendre à Paris, ne pourront acheter ny échanger vielles danrées contre les neuves, c'eſt à ſçavoir érains, métail, pots, potain, mitrailles ny cuivre pour revendre en la Ville de Paris, ſur peine de cent ſols Pariſis d'amende à appliquer comme deſſus, mais les danrées par eux achetées pourront bien mener hors la Ville pour d'icelles faire leur profit.

X X V I I.

Item. Auront & pourront prendre les deſuſdits Courtiers par chacun cent de toutes danrées neuves dudit Métier dont ils auront fait le marché ou auront rapporté la venuë, & depuis ledit rapport auront été venduës, douze deniers Pariſis, & deux deniers de cent de pots & des autres danrées qui ſe vendront au compte, pour chaque vingt ſols un denier.

X X V I I I.

Item. Auront iceux Courtiers du cent de cuivre trois deniers & de métaux autant, de cent de plomb un denier, & du cent de Callemagne un denier & non plus ; & s'il avient que plus largement ils en prennent, ils ſeront privez dudit Office de Courtier, & avec ce payeront vingt ſols Pariſis d'amende à appliquer comme deſſus.

X X I X.

Item. Toutes fois que les Marchands ſeront en Foire dehors & en place ſans couverture, & aux champs, ils jetteront au lot pour avoir chacun ſa Place ſelon ſes danrées, ſi ainſi n'eſt qu'ils veulent accorder à demeurer à la volonté d'iceux & des autres Marchands ès Places qu'ils auront priſes, & qui ſera le contraire il payera ſoixante ſols d'amende à appliquer comme deſſus, dont un chacun du Métier ſera crû par ſerment.

X X X.

Item. Que en chacune Foire ſera élû une Perſonne ſuffiſante dudit Métier pour ſonner le Baſſin à ce accoûtumé, lequel Baſſin ſera ſonné à heure de Prime ou environ, & ne pourra aucun vendre ne expoſer en vente les danrées ſoit neuves ou vielles, juſqu'à ce que ledit Baſſin ſoit ſonné, à peine de vingt ſols d'amende appliquée comme deſſus, dont l'Accuſateur dudit Métier ſera crû par ſerment.

X X X I.

Item. Que chacun Ouvrier reçû audit Métier ſera tenu payer les aumônes à la Confrerie dûëment, ſinon luy ſera interdit & deffendu ledit Métier, à peine de vingt ſols Pariſis d'amende à appliquer comme deſſus.

X X X I I.

Item. Seront tenus les Chefs Ouvriers & Marchands dudit Métier dorénavant accompagner les deux Batons de Confrerie dudit Métier à chacune fois que icelles Confreries ſe feront, ſur peine de cinq ſols par chacune fois qu'ils auront failly, à appliquer au profit de ladite Confrerie, deſquels cinq

9

fols ils pourront être gagez par les Jurez dudit Métier ou l'un d'iceux , fi
ainfi n'étoit toutefois qu'ils montraffent excufation fuffifante.

XXXIII.

Item. Nul Marchand Forain Demandeur, ne autre , s'il n'eft Ouvrier reçû & paffé Maître en ladite Ville , ne pourra dorénavant vendre , débiter ,
ny diftribuer en la Ville & Fauxbourgs de Paris , aucunes Danrées & Marchandifes dudit Métier de Chaudronnerie, finon en gros , & n'en pourra
débiter ne vendre fans moindre prix que de quarante livres, icelles Danrées
& Marchandifes premierement vûës & vifitées par les Jurez dudit Métier ,
fur peine de confifcation d'icelles Danrées & Marchandifes, & de l'amende
de foixante fols Parifis à appliquer felon la Coûtume defdites anciennes
Ordonnances.   XXXIV.

Item, quand vifitation fera faite par les Jurez dudit Métier , la mauvaife
Marchandife fera féparée d'avec la bonne , & feront contraints les Marchands qui auront icelle Marchandife faire amander ladite Marchandife
par l'un des Maîtres dudit Métier dedans le tems qu'il leur fera préfix par
lefdits Jurez , auparavant que pouvoir tranfporter hors la Ville & Fauxbourgs de Paris icelle mauvaife Marchandife qu'elle ne foit amandée ,
comme dit eft , & fi il fe trouve aucune mauvaife Marchandife qui ne fe
puiffe amander , icelle mauvaife Marchandife fera rompuë & caffée par
les Jurez , fans que lefdits Marchands puiffent vendre ladite Marchandife
mauvaife qui devra être amandée , & jufqu'à ce que ledit amandement
foit fait , fur peine de dix livres Parifis d'amende à appliquer felon lefdites
Ordonnances.

XXXV.

Item. Que dorénavant nul de quelque état & condition qu'il foit ne
pourra acheter aucunes Marchandifes dudit Métier en ladite Ville & Fauxbourgs de Paris pour les revendre en icelles , s'il n'eft reçû Maître dudit
Métier de Dinandier , fur peine de dix livres Parifis d'amende à appliquer
comme deffus.

XXXVI.

Item. Quand aucun Maître dudit Métier ou autre , aura acheté quel-
ques Danrées des appartenances dudit Métier , les Maîtres dudit Métier en
pourront avoir Portion , fi bon leur femble , en païant par eux au prorata &
pour Portion au taux & prix que ladite Marchandife aura été achetée.
Defquels anciens Statuts & nouveaux Articles cy-deffus declarez , lefdits
Maîtres dudit Métier de Chaudronnerie, Batterie & Dinanderie Nous
ont très-humblement requis leur vouloir octroyer Lettres de Confirmation, Homologation & Autorifation pour ce requifes & neceffaires ; Sçavoir faifons, que Nous voulans bien & favorablement traiter lefdits Supplians , & iceux non-feulement conferver & garder en leurfdits anciens
Statuts & Ordonnances comme nos Prédeceffeurs Rois ont fait , mais
auffi pour le bien, utilité, & commodité de la chofe publique, Police,
augmentation & entretenement dudit Métier , leur en donner &

octroyer d'autres ; & après qu'avons fait voir par les Gens de nôtre Conseil Privé lefdits anciens Statuts & nouveaux Articles cy-deſſus declarez, Avons en continuant & confirmant iceux anciens Statuts, Ordonnances & lefdits nouveaux Articles loüez, agréez & ratifiez, confirmez, homologuez & approuvez, & de nôtre grace ſpeciale, pleine puiſſance, & autorité Royale, loüons, agréons, ratifions, confirmons, homologuons, & approuvons par ces Preſentes, & iceux nouveaux Articles de nouveau donnez & octroyez, donnons & octroyons auſdits Suppliants & Communauté dudit Métier de Chaudronnier, Batteur & Dinandier de nôtre Ville de Paris, pour en joüir & uſer, & être dorénavant & par cy-après inviolablement obſervez & gardez en nôtredite Ville de Paris & Fauxbourgs, & par tout ailleurs qu'il appartiendra & beſoin ſera de point en point, ſelon leur forme & teneur, ſans y contrevenir ny innover aucunes choſes au contraire.

Si donnons en mandement par ceſdites Preſentes au Prévôt de Paris, ou ſon Lieutenant, & à tous nos autres Juſticiers & Officiers qu'il appartiendra, que nos preſentes confirmation, homologation, & approbation ils faſſent lire, publier & enregiſtrer, & du contenu eſdites Ordonnances, tant anciennes que modernes, faire ſouffrir & laiſſer joüir leſdits Suppliants & leurs Succeſſeurs audit Métier de Chaudronnier, en contraignant & faiſant contraindre par les voyes que de raiſon, le tout nonobſtant oppoſition ou appellation quelconque, pour leſquelles ne voulons être differé : car tel eſt nôtre plaiſir, nonobſtant quelconques Lettres impetrées ou à impetrer à ce contraires ; & afin que ce ſoit choſe ferme, ſtable & à toûjours, Nous avons fait mettre nôtre Scel à ceſdites Preſentes. Données à Gaillon au mois de Septembre l'An de Grace 1566. & de nôtre Regne le ſixiéme, ſignées par le R O Y, Thiellement, *Viſa* : Enregiſtrées au huitiéme Volume des Bannieres, Regiſtre ordinaire du Châtelet de Paris, ès ſept, huit, neuf, & dixiéme feüillets, par Ordonnance de Noble Homme & ſage Maître Mathias de la Bonniere, Conſeiller du Roy, Lieutenant Particulier de la Prévôté de Paris, & ſuivant le conſentement du Procureur du Roy, le 25e. jour d'Octobre 1571. Signé Remy & Droüard. Enregiſtrées au Regiſtre appellé le ſecond Cayer neuf, étant en la Chambre du Procureur du Roy nôtre Sire au Châtelet de Paris, le dernier jour d'Octobre l'an 1571. Signé de Villemontez : Regiſtrées oüy le Procureur General du Roy, comme il eſt contenu au Regiſtre de ce jour, à Paris en Parlement le 24. Novembre l'an 1581. ainſi ſigné DU TILLET : Et plus bas eſt écrit, Collationné avec Paraphe, & Extrait des Ordonnances verifiées en Parlement.

De l'Imprimerie de J. LAMESLE, Pont S. Michel, au Livre Royal, 1735.